Bibliografische Information der Deutschen Nationalbibliothek:

Die Deutsche Bibliothek verzeichnet diese Publikation in der Deutschen National-
bibliografie; detaillierte bibliografische Daten sind im Internet über http://dnb.d-
nb.de/ abrufbar.

Impressum:

Copyright © 2015 GRIN Verlag, Open Publishing GmbH
Druck und Bindung: Books on Demand GmbH, Norderstedt Germany
ISBN: 9783668304024

Dieses Buch bei GRIN:

http://www.grin.com/de/e-book/340661/platons-ideenlehre-die-drei-gleichnisse-
der-politeia-im-ueberblick

Sina Klar

Platons Ideenlehre. Die drei Gleichnisse der "Politeia" im Überblick

GRIN Verlag

Inhalt

<u>**Platon – Politeia – Die Ideenlehre**</u>

I.   Buch

- Sokrates und Kephalos sprechen über das Alter > je älter man werde, würden die Vergnügungen für Kephalos, die vom Leibe herrühren uninteressanter und stattdessen wachse die Freude und Lust am Reden. Auch Sokrates gesteht, dass er sehr gerne mit den Älteren spricht.
- Im Alter werde man freier von den Begierden des Körpers; die Leute, die sich im Alter beschweren und darüber klagen, tun dies nicht wegen ihres Alters, sondern weil ihre Gesinnung nicht gefasst und gefällig ist; Kephalos führt weiter aus, dass Reichtum dem Wohlgesinnten, dem Vernünftigen, dabei helfen kann, ein gutes und gerechtes Leben zu führen.
- Sokrates fragt daraufhin, was denn Gerechtigkeit genau sei? – vorläufige Antworten: Die Wahrheit reden und was man empfangen hat, wieder geben; Gerechtigkeit ist die Erstattung dessen, was man schuldig ist > Gerechtigkeit ist demnach z.B. seinen Freunden Gutes zu tun und den Feinden Böses; Das Gerechte sei das dem Stärkeren Zuträgliche (Thrasymachos)
- Sokrates führt gegen Thrasymachos an, dass Ungerechtigkeit kein größerer Gewinn ist, als die Gerechtigkeit: Die Kunst des Herrschens bezwecke nie den Vorteil des Herrschenden! Kein wahrer Herrscher herrsche freiwillig, sondern müsse durch Lohn oder Strafe dazu gezwungen werden. Und wenn ein Staat vollkommener Menschen entstünde, so würde sich niemand zum Herrschen drängen.
- Die Guten regieren weder des Geldes noch der Ehre wegen, dies ist also nicht ihr Lohn; die Strafe aber (falls sie sich weigern zu regieren) ist es von Schlechteren regiert zu werden; aus Furcht vor dieser Strafe regieren sie also (durch Zwang), weil sie die Notwendigkeit erkennen.
- Es ist unmöglich mit vollkommener Ungerechtigkeit etwas mit anderen oder allein zu vollbringen: die Ungerechten werden auch sich untereinander bekämpfen und sich Unrechtes tun; Ungerechtigkeit verursacht Zwietracht, Hass und Streit untereinander, Gerechtigkeit aber Eintracht und Freundschaft.
- Die Gerechten sind weiser und besser und auch im Handel mächtiger, in der Gemeinschaft können sie mehr bewirken: Frage: Leben die Gerechten auch besser und glückseliger? > Nur der mit der Gerechtigkeit als der ihr eigentümlichen Tugend kann die Seele ihr Werk vollbringen und glückselig sein.
- Die Tugend der Seele ist die Gerechtigkeit: Ihre Aufgaben sind „besorgen, beherrschen, beraten etc." und diese wird eine schlechte Seele notwendig schlecht ausführen eine gute Seele aber gut.
- Die Schlechtigkeit der Seele ist also die Ungerechtigkeit
- Die gerechte Seele und der gerechte Mensch wird gut leben und glückselig sein, der Ungerechte aber schlecht.
- Ende des I. Buches: die Untersuchung begann damit, zu fragen, was das Gerechte sei, aber diese Frage wurde nicht beantwortet, es wurde festgestellt, dass die Gerechtigkeit eine Tugend ist, die glückselig macht.

II.   Buch

- Glaukon fragt Sokrates, ob er denn nun wirklich schon fertig sei mit seiner Überzeugungsarbeit, „dass es auf alle Weise besser ist, gerecht zu sein als ungerecht?"
- Glaukon differenziert 3 Arten von Gut
- 1) Güter, die um ihrer selbst willen erstrebenswert sind (z.B. Wohlbefinden)
- 2) Güter, die nicht um ihrer selbst willen, sondern wegen dem Lohn oder dem Nutzen erstrebt werden (z.B. die Leibesübungen, sie sind beschwerlich aber sie nützen uns)
- 3) Güter, die um ihrer selbst willen und wegen ihrer Folgen erstrebt werden (z.B. Gesundsein)
- Gerechtigkeit gehört zu der dritten Art von Gütern, die sowohl um ihrer selbst willen als auch wegen den Folgen, der Glückseligkeit, erstrebt wird. Für Sokrates ist dies das Schönste Gut.
- Das Ziel von Platon ist es, die Gerechtigkeit in sich selbst als gut, die Ungerechtigkeit als übel nachzuweisen
- Die Rede des Adeimantos bereitet dieses Ziel vor: er behauptet, dass das Lob der Gerechtigkeit sich nicht auf ihr Wesen gründet, sondern auf ihre Folgen (pragmatische Argumentation): Ruhm und Vorteil bei den Menschen und Gunst der Götter
- Diese Meinung gilt es zu widerlegen und zu zeigen, was Gerechtigkeit und Ungerechtigkeit rein für sich genommen sind> Wesen der Gerechtigkeit?
- Diese Frage wird dann erst im IV.Buch beantwortet im Hinblick auf – das System der Tugenden im Staat und dem System der Tugenden in der Einzelseele > Innerhalb dieser beiden Systeme steht jeweils die Gerechtigkeit am letzten Platz> Die Gerechtigkeit erweist sich dann als die strenge Ordnung , die jedes der beiden symmetrischen Systeme eigentlich zusammenhält
- Zwischen Staat und Einzelseele besteht ein Parallelismus> in beiden muss die Gerechtigkeit gesucht werden.
- Sokrates wird aufgefordert, zu zeigen, dass Gerechtigkeit nicht nur besser ist als Ungerechtigkeit an und für sich, er soll aber auch zeigen, wozu die Gerechtigkeit den macht, der ihn besitzt.
- Sokrates will durch Beispiele die Gerechtigkeit an und für sich herausstellen: - Gerechtigkeit im einzelnen Menschen und – Gerechtigkeit im Staat (hier ist es leichter zu erkennen, da das Beispiel größer ist)
- In Gedanken lassen die Redner also einen Staat entstehen, um an dieser dann auch die Entstehung von Gerechtigkeit und Ungerechtigkeit zu sehen
- Entstehung der Polis: Der Mensch ist ein Gemeinschaftswesen > Die Polis entsteht aus den Bedürfnissen der Einzelnen, die diese nicht alle selber befriedigen können.
- In der Polis gibt es den Ackermann, den Baumeister, den Weber, den Schuhmacher und Ärzte > jeder übt nur eine Kunst aus, dann wird er dieses besser verrichten als wenn er viele Künste verrichten muss
- Diese Künste sind allerdings noch nicht ausreichend in der polis, z.B.: kann der Ackermann den Pflug, den er braucht, nicht selber „gut" herstellen
- Die Polis braucht also auch Holzarbeiter, Schmiede, vielerlei Handwerker und Genossen, Rinderhirten und Schäfer
- Zufuhr von außen wird auch nötig sein, dafür werden Handelsleute benötigt und auch Seeleute, falls der Handel zu See geführt wird
- In dem Staat entsteht auch ein Markt, wo mit Geld gehandelt wird. Krämer verkaufen die Waren und Tagelöhner verrichten allerlei schwere Arbeit

- Es soll nicht nur eine Stadt entstehen, die das Mindeste hergibt, sondern wo die Menschen auch gesund und wohlbetagt leben können > Die Menschen haben also Zukost und Nachtisch > Diese Stadt ist recht und gesund (Die üppige Stadt)
- Wenn der Staat allerdings zu groß wird und aufgeschwemmt mit vielerlei unnutzen Dingen und Menschen (z.B. Dichter und Schauspieler etc.) wird sie ungesund und unrecht werden (Die aufgeschwemmte Stadt) In dieser Stadt gibt es mehr Diener, mehr Tiere, die man essen kann und auch mehr Ärzte werden bei dieser Lebensweise nötig sein. Der Boden wird nicht mehr reichen, um alle zu ernähren, also wird mit den Nachbarstaat Krieg geführt werden um Land. Hierin liegt der Ursprung des Krieges.
- Ein großes Heer wird nötig sein, um Krieg zu führen: also werden die Stände um die Kriegskunst erweitert
- Die Wehrmänner/ Wächter müssen in ihrer Kunst sehr gut und mit Sorgfalt ausgebildet sein Sie müssen auch eine geeignete Natur besitzen
- D.h. – tapfer sein dem Leibe nach – eifrig sein der Seele nach – sanftmütig gegenüber Freunden > ein guter Wächter muss diese Widersprüche in sich vereinen, denn die sanftmütige Natur ist der hocheifrigen Natur entgegengesetzt. Der gute Wächter muss auch philosophisch sein, d.h. lernbegierig, damit er Kenntnis hat wer Freund und wer Feind ist
- Wie müssen die Wächter erzogen werden? > Gymnastik für den Leib > Musik für die Seele > Kriegskunst
- Unter die Erziehung durch Musik fallen auch Reden > hier muss aufgepasst werden, denn es gibt wahre und falsche Reden: Auch Märchen sind bei der Erziehung von Kindern wichtig, aber es sollen keine beliebigen sein, damit ihre Seelen keine Vorstellungen ausbilden, die später schädlich sind. Platon wendet sich hier vor allem auch gegen die Mythen von Hesiod und Homer!
- „was sie zuerst hören, auf das Sorgfältigste mit Bezug auf die Tugend erzählt sei"
- Es gibt 3 Stände im idealen Staat:

1. Herrschender Stand > Philosophen-Könige (die Elite aus dem Wächterstand) - Standestugend: Weisheit
2. Wehrleute > Militär und Polizei - Standestugend: Tapferkeit
3. Kaufleute, Krämer etc. – Standestugend: Besonnenheit

Die Standestugenden werden durch die Gerechtigkeit ermöglicht. Das Gute ermöglicht die Gerechtigkeit, die Gerechtigkeit ermöglicht die Einzeltugenden.

III.	Buch

- Die Erziehung der Wächter wird weiter ausgeführt; es wird deutlich, dass die Wächter bspw. auch keinen Besitz haben sollen

IV.	Buch

- Die Wächter müssen über Reichtum und Armut im Staat wachen und walten und auch darüber, dass der Staat genügsam bleibt und nicht zu sehr anwächst
- Jedes Kind soll seiner Natur gemäß zu dem Beruf geführt werden, zu dem es geeignet ist > die edlen Naturen kommen zu den Wächtern
- Tüchtige Erziehung und Unterricht bildet gute Naturen und diese guten Naturen bringen selber wieder welche hervor
- Die ideale Stadt ist vollkommen gut > sie ist weise, tapfer, besonnen und gerecht
- Die Stadt ist weise, da sie wohlberaten ist > wohlberaten sein erfolgt nach einer Erkenntnis > Diese Erkenntnis besitzt nur der kleinste Teil des Staates, das sind die Wächter: diese haben die Weisheit über die Stadt und mit anderen Städten.
- Tapferkeit: die Stadt ist tapfer durch einen Teil ihrer selbst: Tapferkeit ist eine Bewahrung und Aufrechterhaltung der richtigen und gesetzlichen Vorstellung von dem, was furchtbar ist und was nicht > die richtige Vorstellung ist nur durch Bildung möglich
- Besonnenheit: Die Seele hat einen besseren und schlechteren Teil in sich, genauso verhält es sich auch in der Stadt > Die Erziehung bestimmt darüber, was ausgeprägt wird. Der bessere Teil der Seele ist die Besonnenheit. Proportional überwiegt die Unbesonnenheit in der Stadt, aber die Vernunft und Besonnenheit in den Wenigen beherrscht diese
- Gerechtigkeit: Erinnerung > jeder verrichte in der Stadt nur das, was er nach seiner Natur am besten kann; daher: Gerechtigkeit ist, „dass jeder das Seinige verrichtet"
- Die Gerechtigkeit ist das, was den anderen Tugenden die Kraft gibt <u>dazusein</u> und sie zu <u>erhalten</u>
- Worin liegt die Ungerechtigkeit? > wenn aus den anderen Ständen einer versucht in die nächst höhere Klasse (z.B. aus dem Handwerksbereich in die der Krieger, oder aus der Klasse der Krieger in die der Hüter und Berater) überzugehen ohne es wert zu sein, wird dies zum Verderben der Stadt führen
- Fazit: die erwerbende, beschützende und beratende Klassen müssen Geschäftstreue beweisen, damit Gerechtigkeit herrschen kann
- Die Ergebnisse des großen Beispiels sollen nun an einem kleineren Beispiel gezeigt werden: am einzelnen Menschen bzw. in der Einzelseele
- Der Begriff der Gerechtigkeit muss sich beim einzelnen Menschen auf ähnliche Weise zeigen

> Das Prinzip der Gerechtigkeit ist die Selbstbeschränkung jedes Standes im Staate und jedes Bereichs in der Seele auf seinen besonderen Bereich! Das Prinzip, dass „jeder das Seinige" tut meint nicht, dass man das tut zu seinem eigenen Vorteil, sondern für das Gemeinwohl.

V.   Buch

- Frauen können auch zu Wächterinnen werden, wenn sie die dazu nötige Natur besitzen; daher sollen auch die Frauen dieselbe Erziehung bekommen
- Da Frauen aber generell schwächer sind als die Männer, sollten sie in der Rolle als Wächterin die leichteren Aufgaben bekommen
- Einheit des Staates: das größte Gut > Die Ursache an der Einheit ist die Gemeinschaft der Frauen und Kinder unter den übrigen Wächtern
- Zur Verwirklichung des idealen Staates brauche es nur eine Veränderung: Staatsgewalt und Philosophie müssen zusammenfallen: Philosophen-Könige
- Warum? Philosophen lieben die Weisheit und suchen nach dieser: und zwar als Ganzes und nicht wegen eines bestimmten Teils („wer aber ohne Umstände alle Kenntnisse zu kosten pflegt und gern zum Lernen geht und unersättlich darin ist, den werden wir wohl mit Recht weisheitsliebend nennen")
- Die eigentlich Weisheitsliebenden sind die, die schaulustig nach der Wahrheit sind > Philosophen sind diejenigen, die fähig sind, das Wahre selbst zu schauen
- Unterscheidung von Erkenntnis (bezieht sich auf das Seiende), Unkenntnis (bezieht sich auf das Nichtseiende) und Vorstellung (liegt in der Mitte von Seiendem und Nichtseiendem)
- Erkenntnis: das stärkste aller Vermögen bezieht sich auf das Seiende, um zu erkennen, wie es sich verhält
- Vorstellung: ist das Vermögen sich etwas vorzustellen. Es bezieht sich weder auf das Seiende noch auf das Nichtseiende (nicht möglich sich NICHTS vorzustellen). Als Mittleres hat sie an beidem Anteil
- Es gibt vielfältige Formen bzw. Erscheinungen des Schönen oder bspw. des Gerechten auf die sich die Vorstellung bezieht, aber sie bezieht sich nicht auf die Sache an sich (das Gerechte an sich oder das Schöne an sich)
- „Die also viel Schönes beschauen, das Schöne selbst aber nicht sehen noch einen anderen, der sie dazu führen will, zu folgen vermögen und die vielerlei Gerechtes, das Gerechte selbst aber nicht, und so alles, diese, wollen wir sagen, stellen alles vor, erkennen aber von dem, was sie vorstellen, nichts" > das sind also nur Meinungsliebende (philo-doxie)
- Diejenigen, die die Dinge an sich beschauen und so erkennen, lieben die Erkenntnis > das sind Weisheitsliebende (philo-sophie) > Bezug zum wahrhaft Seienden

> Wissen > Sein
> Meinen > unsere Werde-Welt
> Nicht-Wissen > Nicht-Sein

VI.   Buch

- Es wird gefordert, dass Philosophen als diejenigen, die das Gerechte selbst schauen, herrschen sollen
- Philosophen müssen die Führer des Staates sein, da sie „das sich immer gleich und auf dieselbe Weise Verhaltende fassen können"
- Sie sind in der Lage, die Gesetze und Bestrebungen der Staaten aufrechtzuerhalten
- Welche notwendigen Eigenschaften besitzt der Philosophen-Wächter? > Philosophen lieben immer und vollständig die Kenntnis vom Seienden, das ewig und unveränderlich ist; sie sind außerdem ohne Falsch und nehmen auf keinen Fall willentlich das Falsche an > sie lieben die Wahrheit; der wahrhafte Philosoph strebt von klein an nach Weisheit und Wahrheit, er hat eine mäßige und keine habsüchtige Natur; er hat nicht an Unedlem teil
- Um von klein auf zu erkennen, ob ein Kind eine philosophische Seele hat, wird man darauf achten müssen, ob es gerecht und mild ist
- Weitere Eigenschaften: gelehrig, gutes Gedächtnis, musikalisch, ebenmäßig und anmutig
- Solche Naturen kommen nur selten vor unter den Menschen und den Wenigen drohen auch noch viele Gefahren durch bspw. schlechte Erziehung
- Wie sieht der Erziehungsweg genau aus? > Um die wahrhaft philosophischen Naturen zu finden, müssen sie von klein auf in vielerlei Kenntnissen geübt werden und dann in den „schwersten Forschungen" sich beweisen
- Was sind die Schwersten Forschungen? > hier wird nun der Bogen gespannt zur Idee des Guten > diese ist die größte und schwerste Erkenntnis, sie ist größer noch als die Gerechtigkeit und der wahrhafte Philosoph muss Kenntnis haben von der größten Erkenntnis

> Die Idee des Guten: ist die größte Einsicht bzw. Erkenntnis! Durch sie wird das Gerechte und alles, was sonst von ihr Gebrauch macht, erst nützlich und heilsam

- Der wahrhafte Hüter des Staates muss Einsicht bzw. Erkenntnis über das Gute haben, da Meinungen ohne Erkenntnis „blind" sind

- Sokrates wird dazu aufgefordert, das Gute zu erklären, aber Sokrates weicht aus und will stattdessen einen „ähnlichen Sprössling des Guten" verdeutlichen
- Vieles Schöne/Gerechte etc. kann man in der Wahrnehmung sehen aber nicht denken > das Schöne selbst oder das Gute selbst etc. wird gedacht und nicht gesehen („ was wir vorher als vieles setzten, setzen wir als eine Idee eines jeden und nennen jedes was ist")

Vorüberlegungen[1]

Das Seiende ist nur durch reines Denken erkennbar! Die empirisch-wahrnehmbare Welt ist durch Sinneswahrnehmung erfahrbar.

Sinnliche Wahrnehmung >< Reines Denken im Vergleich:
Die Sinneswahrnehmung gibt Kunde über die Dinge der Erfahrungswelt. Das Gemeinsame aller Gegenstände der Sinneswahrnehmung ist die Veränderung, der fortwährende Wandel > sie sind dem Entstehen und Vergehen unterworfen
z.B. das grüne Blatt eines Baumes > die Aussage ist nur zu einer bestimmten Zeit gültig, denn im Herbst ändert sich die Farbe und im Winter existiert das Blatt gar nicht mehr.
Ebenso differieren die Meinungen über das, was gut, gerecht und schön ist zu verschiedenen Zeiten bei verschiedenen Kulturen > z.B. bestehe die Gerechtigkeit darin, jedem zukommen zu lassen, was ihm gebühre, oder dass Gerechtigkeit der Vorteil des Stärkeren sein etc.

Was aber ist Gerechtigkeit an ihr selbst? Oder das Gute, das Schöne? Sich ändernde Meinungen und Sinneswahrnehmungen können darauf keine Antwort geben.

Allgemeingültige Aussagen > immergeltende Aussagen sind nicht durch Sinneserfahrung noch durch menschliche Meinungen haltbar. Allgemeingültge Aussagen, wie z.B. 7+5=12, beziehen sich nicht auf die Sinnenwelt, da diese sich stets verändert.

Allgemeingültige Aussagen haben die Eigenschaften: Unveränderlichkeit und Unvergänglichkeit

Der Satz 7+5=12 ist demnach unveränderlich wahr. Der in ihm prädizierte Sachverhalt ist auch unveränderlich wahr.

Wo gibt es ein solches unwandelbar Unveränderliches? Wie kann es erfasst werden?
Das unwandelbar Seiende kann nur durch das reine Denken erfasst werden, ein Denken, das von allem Bezug auf die Sinneserfahrung frei ist.

Parmenideische Lehre
Das Seiende ist ein Ganzes, einzigartig, unbewegt, ohne Ende in der Zeit, unentstanden und unvergänglich, völlig gleichartig und unteilbar.
Sie hat die Gestalt einer Kugel> das Seiende ist eine homogene, kontinuierliche, unteilbare Kugel, die sich nicht bewegt und nicht verändert. Es ist als Kugel ausgedehnt (quantitativ), hat aber keine Qualitäten, es ist nicht belebt und nicht mit einer vernunftbegabten Seele ausgestattet.
Was nur ausgedehnt ist, aber keine Akzidenzien hat, kann nicht sinnlich wahrgenommen werden.
Rein menschliches Denken ist auf die Sinneswahrnehmung angewiesen, daher kann sie die gleichmäßig, ausgedehnte Seinskugel nicht erfassen.
Das menschliche Erkennen will aber die Wirklichkeit erkennen. Die menschliche Betrachtungsweise will zwar das Seiende erfassen, sieht aber statt der einen veränderungslosen Realität Vielheit und Veränderung und verfehlt so die Wirklichkeit.

Das Unwandelbare ist das nur dem reinen Denken zugängliche Seiende. Die Erfahrungswelt ist ein Truggebilde, das durch rein menschliches „Erkennen" entsteht. Wollen wir zur Wirklichkeit vordringen, dann müssen wir uns über menschliches Wahrnehmen und Denken erheben, was nach Parmenides dem Menschen nicht aus eigener Kraft gelingt, sondern nur mit Hilfe einer Gottheit: Philosophie als Erkenntnis des unwandelbar Seienden ist ein Geschenk der Gottheit an die Menschen.

---

[1] Vgl. Bormann, Karl. *Platon*. 4. Auflage. Freiburg: Alber. 2003

Parmenides liefert für Platon den Dualismus von Seiendem und dem, was uns die Sinne als seiend vortäuschen, das aber in Wirklichkeit nicht seiend ist.

Das Seiende ist demnach das Reich der Wahrheit, das Reich des Nicht-Seienden aber zu sein Scheinenden, das Reich der doxa, der Meinung und des Scheins.
Reich der Wahrheit vs. Reich des Scheins und der Meinung

Platon knüpft an Parmenides an und modifiziert seine Lehre: die Welt der Sinneserfahrung ist nicht nichts, sondern zwischen Sein und Nichts gestellt als Bereich des Werdens und Vergehens > auf diesen Bereich richtet sich die doxa.

Das, was ist, wird erkannt durch die episteme, das verstehende Wissen.
Die Philosophie strebt nach Erkenntnis, nach episteme: sie will das erkennen, was ist > sie will das Seiende erforschen

Fragen, die sich stellen:
Was ist das Seiende? > das Seiende ist das, <u>was</u> ist! Beispiel: ein „gerechter" Mensch: wird nicht gerecht genannt, insofern er Mensch ist, sondern insofern er gerecht ist. Die Gerechtigkeit kann von ihm weichen und er wird trotzdem ein Mensch bleiben. Das Gerechte selbst aber oder die Gerechtigkeit an sich kann nie von sich selbst weichen, es ist mit sich selber identisch! Es ist nicht zusammengesetzt, es ist daher Eines und kann sich somit auch nicht auflösen> die Gerechtigkeit ist immer, als Immerseiendes ist sie unvergänglich, sie bleibt, was sie ist, sie ist unwandelbar! Nicht die Wahrnehmung erblickt das unwandelbar Gerechte, sondern das schauende Denken. Das Gerechte lässt immer dasselbe Wassein sehen.
Idea oder eidos (Gestalt/Aussehen): Das Seiende, d.h. das, was ist, ist das, was immer dasselbe Wassein sehen lässt.
Das empirisch Wahrnehmbare wird immer durch das Hinzutreten von etwas anderem konstituiert. Und: es gibt viele gerechte Menschen, viele schöne Menschen etc: Die Gerechtigkeit und die Schönheit sind aber immer Eine. In der Erfahrungswelt gibt es Vielheit, in der Ideenwelt gibt es Einheit für jeden Bereich der Vielheit.
Jedes Viele steht unter einer Idee.

Die Ideen sind das Seiende, und zwar das Seiende im Sinne des Wasseienden, das nur durch das reine Denken geschaut werden kann. In der Erfahrungswelt können sie nicht gefunden werden.

Wo sind die Ideen? > Die platonischen Ideen sind seiende Washeiten, die außerhalb der Erfahrungswelt an einem überhimmlischen Ort eine Welt für sich bilden. Sie sind demzufolge selbständig Seiende, die von den wahrnehmbaren Einzeldingen getrennt sind. Sie existieren nicht in Raum und Zeit.

In welcher Beziehung steht das Werdende und Vergehende, unsere Erfahrungswelt zum Seienden?
> Die Welt der washeitlich Seienden verhält sich zur Erfahrungswelt wie das Urbild zum Abbild.

Wie wird das Seiende erkannt? > Durch die Kraft der Dialektik

Sokrates wird dazu aufgefordert, das Gute darzulegen. Er zögert und will stattdessen einen „ähnlichen Sprössling des Guten" aufzeigen und zeigt am Sonnengleichnis bildhaft die Stellung des Guten.
Das Beispiel der Sonne dient dazu, einen Vergleich zum Guten zu ziehen. Das Beispiel ist ein Beispiel aus dem Sichtbaren und ist für den Menschen leichter zu verstehen.

Die Sonne befähigt durch das von ihr ausgehende Licht den Gesichtssinn zu sehen, und das Sichtbare, gesehen zu werden.

Was die Sonne im Bereich des Sichtbaren im Verhältnis zum Gesichtssinn und zum Sichtbaren ist, das ist das Gute im Bereich des Denkbaren im Verhältnis zur Vernunft und zu den Gegenständen der Vernunft.
Das Gute ist Ursache der Erkenntnis und der Wahrheit, wie die Sonne Ursache des Sehens ist. Wie die Sonne durch ihr Licht die Erkenntnisfähigkeit des Gesichtssinnes bewirkt, so bewirkt das Gute durch das von ihr ausgehende Licht der Wahrheit, der aletheia, die Erkenntnisfähigkeit der Vernunft.
Das von der Sonne ausgehende Licht ist weiterhin Ursache für die Erkennbarkeit der sichtbaren Dinge. Dementsprechend ist das von Guten ausgehende Licht der aletheia Ursache für die Erkennbarkeit des nur durch die Vernunft Erfassbaren.

Durch ihr Licht verleiht die Sonne dem Sichtbaren Werden, Wachstum und Nahrung. Das Gute bewirkt durch das von ihm ausgehende Licht der Wahrheit und des Seienden Sein und Wesen des nur durch die Vernunft Erkennbaren.

Die Sonne verleiht dem Sichtbaren nicht nur das Vermögen, gesehen zu werden, sondern auch das Werden und Wachstum und Nahrung. Sie selber aber ist nicht das Werden, sie verändert sich nicht, wächst nicht und braucht keine Nahrung.

Das Gute verleiht dem Erkennbaren nicht nur das Vermögen erkannt zu werden, sondern auch das Sein und Wesen des Erkennbaren, ohne selber Sein und Washeit zu sein (es ragt über das Sein noch an Kraft und Würde hinaus).

Die Idee des Guten teilt dem Erkennbaren die Wahrheit mit und gibt dem Erkennenden das Vermögen zu erkennen. Die Idee des Guten ist als Ursache von Erkenntnis und Wahrheit als schöner und höher einzustufen als Erkenntnis und Wahrheit selbst.

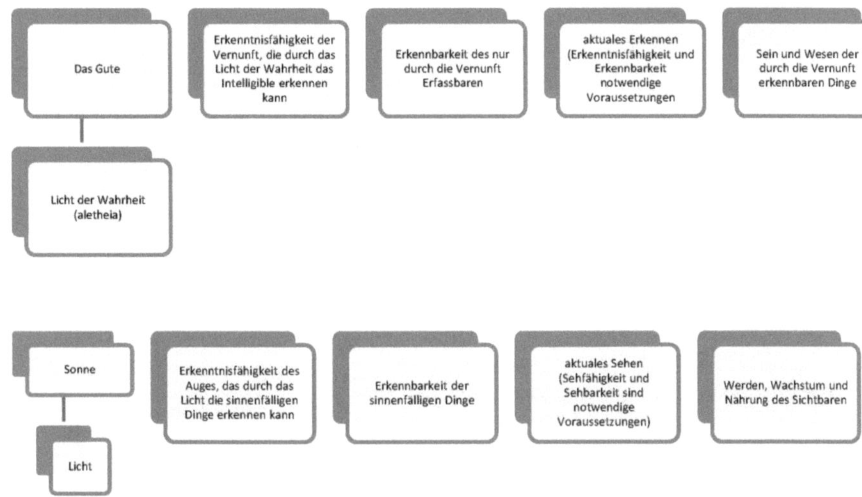

Die Sonne ist für das Werden, Wachstum und Nahrung des Sichtbaren verantwortlich, ist aber selber keins davon. Ebenso ist das Gute zwar Ursache des Seins und Wesen des Erkennbaren, ist aber selber kein Sein und Wesen.

Der Bereich des Seins und Wesens des durch die Vernunft erkennbaren Dinge ist die Ideenwelt.

Das Gute ist die Ursache, was den Ideen Sein und Seinsheit (Washeit) verleiht.

Die Idee des Guten unterscheidet sich wesentlich von den anderen Ideen. Sie konstituiert Sein und Seinsheit der Ideen ohne selber Sein und Seinsheit zu sein. Sie ist die oberste Idee, da sie das Wassein der anderen Ideen bedingt. Sie ist somit Prinzip der Ideen (im griechischen wird es trotzdem als Idee bezeichnet > idea)

Aus Philebos: das Gute selbst entschwindet uns und Schönheit, Maßbestimmtheit und Wahrheit ist das, was wir erkennen. Das Gute hat kein Wassein, d.h. es ist inhaltlich nicht definiert. Es ist Grund für das Was-Sein, es ist eher Prinzip der Ideen.

Die Ideen haben 4 Eigenschaften:
- Sie sind Eines und Allgemeines
- Sie sind das Seiende selbst/ das an sich sein von etwas
- Sie sind das ständig bleibende/ Beständige
- Sie sind das rein Gedachte

Die Idee des Guten unterscheidet sich von den anderen Ideen, indem sie nicht das an sich sein von etwas ist > sie ist kein Wassein

Das Liniengleichnis

- Glaukon fordert Sokrates dazu auf, den Vergleich weiter auszuführen
- Sokrates zieht erste Bilanz > Nach dem bisherigen müssen wir zwischen zwei Gebieten unterscheiden > Das Denkbare und das Sichtbare
- Durch eine Linie sollen wir nun das Verhältnis und die Beziehung der beiden Gebiete zu einander feststellen
- „Wie nun von einer zweigeteilten Linie die ungleichen Teile, so teile wiederum jeden Teil nach demselben Verhältnis, das Geschlecht des Sichtbaren und das des Denkbaren"
- Die Bereiche des Sichtbaren und des Denkbaren bezeichnen die zwei ungleichen Abschnitte einer Linie
- Die beiden Abschnitte werden wiederum nach dem gleichen Verhältnis weiter unterteilt

Folgende Abbildung dient der besseren Veranschaulichung des Gleichnisses (https://commons.wikimedia.org/wiki/File:Liniengleichnis.svg, 20.09.2016)
By Leif Czerny (Own work) [CC BY-SA 3.0]

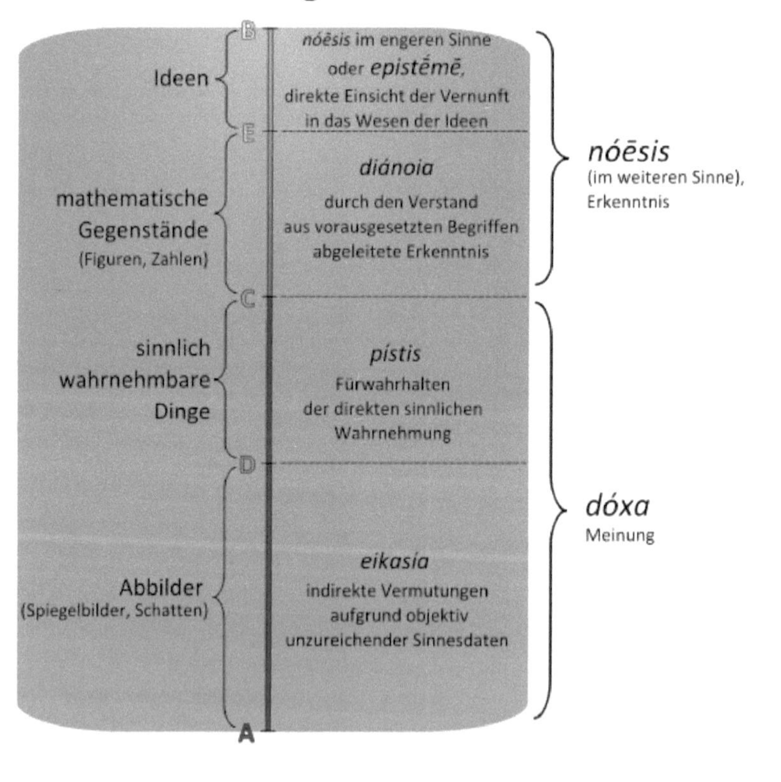

Das Liniengleichnis fragt nach dem Verhältnis der Sinnenwelt zu den Ideen, nach den Bereichen des Seins und Werdens und nach den diesen Bereichen zugeordneten Wahrnehmungs- und Erkenntnisweisen. Im Sonnengleichnis wurde bereits ein erster Hinweis auf diese Frage geliefert: Die Sonne ist der „Sprössling des Guten, den das Gute selbst als sein Ebenbild erzeugte". Das Gute ist Ursache von etwas, das zwar dem Bereich des Sichtbaren zugehört, aber kein Werdendes und Vergehendes ist. Das Liniengleichnis gibt einen ersten Hinweis darauf, ob sich das verallgemeinern lässt, also ob die einzelnen Ideen ähnlich wie das Gute die Bedeutung von Ursachen haben.

Die Bereiche des Sichtbaren und des Denkbaren seien vorgestellt wie eine in zwei ungleiche Abschnitte geteilte Linie, und jede dieser Abschnitte wird nach dem gleichen Verhältnis abermals unterteilt, so dass sich vier Abschnitte ergeben.
Der erste Abschnitt stellt „Bilder" dar, Schatten, Spiegelbilder und ähnliches.
Dem zweiten Abschnitt sind „die uns umgebende Tierwelt, das ganze Pflanzenreich und jede Art von Erzeugnissen des menschlichen Kunstfleißes zuzuordnen, dasjenige also, dem die sinnlich wahrnehmbaren Abbilder gleichen.
Dem dritten Abschnitt werden „Voraussetzungen" (hypotheseis) und dem vierten Ideen zugeordnet.

Den verschiedenen Bereichen entsprechen verschiedene Erkenntnisweisen, nach dem Grundsatz: Gleiches wird durch Gleiches erkannt. Dem sinnlich wahrnehmbaren Bereich entspricht die Erkenntnisweise der Meinung (doxa), diese wird unterteilt: der erste Abschnitt ist „Vermuten" (eikasia), der zweite „Glauben" (pistis). Dem Bereich des Denkbaren entspricht die Erkenntnisweise der noesis im weiteren Sinne: dem Abschnitt der hypotheseis entspricht die Erkenntnisweise der dianoia, „Verstandestätigkeit" und dem der Ideen, die noesis oder episteme im eigentlichen Sinne, die „Vernunftätigkeit". Dianoia und noesis ergeben zusammen die noesis im weiteren Sinne.

Der obere Abschnitt im Bereich des Denkbaren symbolisiert den Bereich der Ideen, den das Denken durch die Kraft der Dialektik erfasst.
Die durch die Sinne erfahrbare Welt verhält sich zu den Ideen wie das Abbild zum Urbild. Daraus ergibt sich, dass in den Ideen in urbildhafter Weise alles enthalten ist, was die Dinge der Erfahrungswelt in der Weise von Abbildern sind.

Beispiel: Alle Menschen sind dadurch Mensch, dass sie Abbilder der Idee „Mensch" sind, was zugleich der Grund dafür ist, dass die mehr oder weniger großen Unterschiede zwischen den einzelnen Menschen keine artbildenden Differenzen sind. Die Unterschiede der Individuen kommen dadurch zustande, dass jedes Individuum nicht nur Abbild einer Idee, sondern einer Vielheit von Ideen ist. Das Individuum ist eikon oder mimesis (Abbild oder Nachahmung) so vieler Ideen, als es Eigenschaften besitzt.
Somit ist das Sinnenfällige Abbild oder Nachahmung einer Mehrheit von Ideen oder hat an einer Mehrheit von Ideen teil.

Da jedes einzelne Ding an einer Mehrheit von Ideen partizipiert, ist nach der Relation der Ideen zueinander zu fragen.

Beispiel: „Der Mensch ist ein Sinnenwesen" > Nach Politeia 596a ist für die Artbezeichnung „Mensch" eine Idee anzusetzen, desgleichen für die Gattungsbezeichnung „Sinnenwesen". In welcher Beziehung steht die Idee „Mensch" zur Idee „Sinnenwesen"? So kann weiter gefragt werden: Wie verhält sich die Idee „Gerechtigkeit" zur Idee „Gut"?
Das Sonnengleichnis gibt darauf die Antwort: Das Gute ist Ursache für Sein und Erkennbarkeit der Ideen; also sind alle Ideen durch das Gute, was sie sind, und das, als was sie erkannt werden.

Offensichtlich stehen aber einige Ideen ihrem Ursprung näher als andere; die Idee der Gerechtigkeit dürfte dem Guten näher stehen als die Idee der Tapferkeit, und die Idee des moralisch Vortrefflichen sind dem Guten näher als die Idee des Bösen, ebenso die Ideen des Schönen gegenüber denen des Hässlichen.

Die Ideen stehen aber nicht nur in Relation zum Guten als ihrem Ursprung, sondern auch zueinander. Einen Hinweis hierauf gibt Platon im Liniengleichnis: Wer mit der Kraft der Dialektik zum voraussetzungslosen Anfang vordringt und ihn erfasst, hält sich an alles, was mit ihm im Zusammenhang steht, und steigt wieder zum Ende herab, „ohne irgendwie das sinnlich Wahrnehmbare zu verwenden, sondern nur die Ideen selbst nach ihrem eigenen inneren Zusammenhang".

Ausgangspunkt des dialektischen Verfahrens sind die hypotheseis. Das Vorgehen der Dialektik charakterisiert Platon in folgender Weise:

„Unter dem zweiten Abschnitt des Denkbaren meine ich das, was der Verstand selbst erfasst mit der Kraft der Dialektik. Hierbei betrachtet er die Voraussetzungen nicht als unbedingt Erstes und Oberstes, sondern in Wahrheit als bloße Voraussetzungen, gleichsam als Stufen und Ausgangspunkte, damit er bis zum Voraussetzungslosen vordringend an den wirklichen Anfang des Alls gelange, und, wenn er ihn erfasst hat, an alles sich halte, was mit ihm im Zusammenhang steht, und wieder zum Ende herabsteige, ohne irgendwie das sinnlich Wahrnehmbare dabei mit zu verwenden, sondern nur die Ideen selbst nach ihrem eigenen inneren Zusammenhang, und mit den Ideen auch abschließe".

2 Wege sind somit für die Dialektik charakteristisch:
1. Der erste Weg führt, ausgehend von den hypotheseis, zum „Voraussetzungslosen… an den wirklichen Anfang des Alls", womit die Idee des Guten gemeint ist.
2. Der zweite Weg führt abwärts „zum Ende", wobei ausschließlich die Ideen nach ihrem eigenen inneren Zusammenhang jeweils untersucht werden und bei den Ideen abgeschlossen wird.

Sind die hypotheseis subjektive Ausgangspunkte, von denen man zu den Seinsgründen vordringt, oder sind sie im Liniengleichnis etwas anderes; sind sie Abbilder der Ideen oder eine bestimmte Gruppe der Ideen?

Die Mathematiker setzen „das Ungerade und Gerade, die Figuren, die dreierlei Arten der Winkel und was damit verwandt ist, bei ihrem jeweiligen Beweisverfahren voraus und machen, als wären sie vollständig darüber im Klaren, es einfach zur Grundlage ihrer Beweise… Sie schreiten von diesem Ausgangspunkt alsbald zur weiteren Ausführung fort und erreichen schließlich folgerichtig denjenigen Punkt, auf dessen Untersuchung sie es abgesehen hatten".

Die hypotheseis sind die Grundlagen der Mathematik und der ihr verwandten Wissenschaften. Welcher Art sind diese Grundlagen? Platon nennt einige:
Das Ungerade und Gerade, die geometrischen Figuren, die dreierlei Arten der Winkel, das Quadrat an sich, die Diagonale an sich. Diese „Grundlagen" werden von den mathematischen Wissenschaften nicht eigens untersucht, sondern vorausgesetzt. Von ihnen nimmt der Beweis seinen Ausgang. Der Mathematiker überschreitet nicht die Region der hypotheseis, sondern verweilt in ihr.

Die hypotheseis sind keine subjektiven Ausgangspunkte, sondern sie sind Ausgangspunkte objektiver, gegenständlicher Art. Die hypotheseis sind Abbilder der Ideen innerhalb des Intelligiblen. Als Abbilder der Ideen können die hypotheseis nicht selbst eine besondere Art von Ideen sein.
Sie stellen eine Zwischenstellung zwischen dem Sinnenfälligen und den Ideen dar: anders als das Sinnenfällige sind sie ewig und unveränderlich, aber anders als die Ideen gibt es im Bereich des Mathematischen viel Gleichartige, während jede Idee nur eine, sie selbst ist.

Abbilder der hypotheseis: das sind die Figuren und geschriebenen Zahlen, deren sich die Mathematiker bedienen.

Zusammenfassung:
Die hypotheseis sind keine mathematischen Ideen, sondern Abbilder der Ideen innerhalb des Intelligiblen. Abbilder der hypotheseis ist ein bestimmter Bereich der sinnenfälligen Dinge. Die den hypotheseis zugeordnete Erkenntnisweise ist die dianoia. Sie ist unklarer als die noesis oder episteme im eigentlichen Sinne, die der Erkenntnis der Ideen zugeordnet ist.

Während die noesis oder die strenge philosophische Erkenntnis von den hypotheseis ihren Ausgangspunkt nimmt und sich den Ideen zuwendet, ohne irgendetwas Sinnenfälliges zu verwenden, muss sich die dianoia mit sinnenfälligen Darstellungen behelfen, was der Grund dafür ist, dass sie nicht zu den Ideen vordringen kann.

Zwar vollzieht die dianoia den transcensus über das sinnlich Erfahrbare, vermag aber den zweiten transcensus über die hypotheseis nicht zu leisten im Gegenteil zur noesis, welche nicht vom sinnlich Gegebenen, sondern von den hypotheseis ausgeht und sie in Richtung auf den voraussetzungslosen Ursprung transzendiert.

Verschiedene Erkenntnisarten in den verschiedenen Bereichen: wesensmäßig verschiedene Bereiche der Wirklichkeit können nicht durch ein und dieselbe Erkenntnisweise erfasst werden, sondern nur durch Erkenntnisweisen, die diesen Bereichen entsprechen. (Gleiches wird durch Gleiches erkannt)

Der zweituntere Abschnitt symbolisiert die sinnenfälligen Naturdinge und Artefakten. Die ihm zugeordnete Erkenntnisweise ist pistis, Glauben oder Meinen. Der sinnlichen Wahrnehmung sind die sinnenfälligen Dinge zwar unmittelbar präsent, aber die Sinneswahrnehmung steht von der Wahrheit der Ideen weit ab und verhilft daher nie zu einem Wissen, sondern nur zu einem Glauben oder Meinen.

Noch undeutlicher als die pistis ist die unterste Erkenntnisweise, die eikasia, das Vermuten. Ihr Objekt ist nicht das sinnenfällige Ding selbst, sondern das Bild des Gegenstandes, „Schatten oder Spiegelbilder". Pistis und eikasia sind die direkte und die indirekte sinnliche Wahrnehmung, beide zusammen sind doxa, Meinung.

Die Übergänge von einer Erkenntnisart zur anderen werden im Liniengleichnis nicht erörtert: Paideia und apeideusia, Bildung und Erziehung und ihr Gegenteil sind die Themen des Höhlengleichnisses.

VII. Buch

Das Höhlengleichnis

- Die Übergänge von einer Erkenntnisart zur anderen werden im Höhlengleichnis aufgezeichnet > Sokrates will erneut ein Gleichnis verwenden, um Bildung und Unbildung zu veranschaulichen

In einer Höhle befinden sich von frühester Jugend an Menschen, die so gefesselt sind, dass sie immer an ein und derselben Stelle sitzen müssen und den Kopf auch nicht bewegen können.

Hinter ihnen brennt ein Feuer. Zwischen dem Feuer und den Gefangenen verläuft quer zum Höhleneingang ein Weg, dem entlang eine Brüstung errichtet ist. Längs dieser Brüstung tragen Menschen „allerlei Geräte vorbei, die über die Brüstung hinausragen, Statuen verschiedenster Art aus Stein und Holz von Menschen und anderen Lebewesen, wobei die Vorübergehenden teils reden, teils schweigen".

Durch das Licht des Feuers werden von diesen Dingen und den Menschen, die diese an der Brüstung vorbeitragen, Schatten an die Höhlenwand geworfen. Die Gefangenen sehen nur die Schatten an der Höhlenwand. Auch ihre eigenen und die der anderen Gefangenen. Die gesamte von ihnen erfasste Wirklichkeit sind Schatten.

- Die Wohnung in der Höhle ist ein Symbol für die gesamte wahrnehmbare Welt
- Der Zustand des Gefesseltseins ist ein Symbol für Unwissenheit und Unbildung > der Mensch erkennt nur das, was ihm die Sinne zeigen und hält das Wahrgenommene für die Realität
- Der Mensch ist nicht fähig, sich den Gründen der Phänomene zuzuwenden
- In diesem Beispiel steckt eine implizite Kritik am Empirismus: die sinnliche Wahrnehmung ist die einzige Erkenntnisquelle und somit wird das Wahrnehmbare für das Seiende und die einzige Realität gehalten

Die Wohnung in der Höhle symbolisiert „die durch den Gesichtssinn uns erscheinende Welt". Die Schatten an der Höhlenwand sind ein Bild für die gesamte wahrnehmbare Welt.

Als Gefesselter, d.h. im Zustand der Unwissenheit und Unbildung „erkennt" der Mensch nur das, was ihm die Sinne zeigen und hält das Wahrgenommene für die Realität; er ist unfähig, sich den Gründen der Phänomene zuzuwenden.

Anfang jeder Bildung und Erziehung (paideia) ist die Lösung von den Fesseln des Unverstandes; sie ist Vorbedingung für den Aufstieg der Seele in das Reich des nur geistig Erkennbaren. Die Lösung von den Fesseln und die Umwendung von den Phänomenen zu ihren Gründen geschehen unter Zwang. Der Mensch sträubt sich dagegen, aus seiner Gewohnheit gerissen zu werden, und reagiert höchst unwillig, verwirrt und ungläubig auf die Hinweise, das empirisch Wahrnehmbare sei nur ein Schatten der Realität; er möchte wieder in seine vertraute Umgebung zurück und verspürt keine Lust, von seiner Unwissenheit befreit zu werden.

Auf Grund dieses menschlichen Verhaltens können Bildung und Erziehung nur unter Zwang vonstattengehen; gewaltsam wird der Mensch aus der Höhle der Unwissenheit an die Oberfläche des Wissens gebracht. Der Aufstieg zum Wissen muss langsam erfolgen > wissenschaftliche Erkenntnis wird in einem langsamen, mühevollen Aufstieg erlangt.

Wie sieht nun die „Lösung und Heilung von ihren Banden und ihrem Unverstande" aus?

Einem der Gefangenen werden die Fesseln gelöst. Er wird gezwungen, aufzustehen, sich umzudrehen und die Richtung der Geräte und des Feuers zu blicken und in diese Richtung zu gehen. Durch die Gewöhnung an die Dunkelheit werden ihm zunächst die Augen vom Licht des Feuers weh tun. Er wird also Schmerzen haben und die Dinge nicht ganz erkennen können. Wird ihm gesagt, dass die Geräte in höherem Maße seiend sind als ihre Schatten an der Wand, dann wird er es nicht glauben. Und wenn er die Dinge benennen soll, die er sieht, wird er es nicht können.
Er wird glauben, die Schatten seien wirklicher und wird sich wieder der Höhlenwand zuwenden wollen.

- Paideia: der Anfang jeder Bildung und Erziehung ist die Lösung von den Fesseln des Unverstandes > das ist die Vorbedingung für den Aufstieg der Seele in das Reich des nur geistig Erkennbaren > wird durch Zwang eingeleitet
- Erkenntnis, dass das, was die Sinneswahrnehmung für das Seiende ausgibt, nur ein undeutliches Abbild der Realität vom Seienden, einige Stufen entfernt, ist.

Der Aufstieg

Man schleppt den Gefangenen/Befreiten gewaltsam hinauf zum Ausgang ans Licht, wo er zunächst gänzlich geblendet ist. Nur allmählich lernt er, die Dinge auf der Oberwelt zu betrachten, zuerst die Schatten und die Spiegelbilder der Dinge im Wasser, später die Dinge selbst. Danach richtet er den Blick nach oben auf den Himmel; er betrachtet zuerst bei Nacht die Himmelserscheinungen um das Licht der Sterne und des Mondes. Zuletzt muss er das Sonnenlicht und die Sonne selbst sehen.

Erkenntnis aus der Schau der Sonne: Die Sonne ist Ursache der Jahreszeiten und des Jahreswechsels, sie waltet über allem, das sich in der sichtbaren Welt befindet und in gewisser Weise auch die Ursache dessen ist, was der Befreite vorher alles gesehen hat.
- Erkenntnis, der intelligiblen Abbilder der Ideen, d.h. der Gegenstände der philosophischen Mathematik (> Schatten und Spiegelbilder im Wasser)
- Erkenntnis der Ideen und des agathon (Die Dinge selbst auf der Oberfläche und als das höchste Seiende, die Sonne.

Wer führt den Befreiten aus der Höhle der Unwissenheit in die Region des Denkens, in den Bereich der nicht-empirischen Wissenschaften und der Philosophie? > Die dialektische Methode als Methode der Philosophie, wobei Philosophie als Ideenwissenschaft zu verstehen ist, zieht „das in einem Morast von Barbarei vergrabene Auge der Seele allmählich ans Licht und führt es aufwärts, wobei sie sich der „mathematischen Wissenschaften als Mithelferinnen und Mitarbeiterinnen bedient".

Arithmetik, Geometrie, Astronomie und Harmonielehre, das später sogenannte Quadrivium, sind die Wissenschaften, welche im Dienst der Philosophie den Menschen schrittweise zu immer höheren Einsichten bis zur philosophischen Erkenntnis gelangen lassen.

Die Zahlen fordern zu einer denkenden Betrachtung auf, weil sie von der Sinneswahrnehmung nicht hinreichend erfasst werden.

Es gibt zwei Arten der Mathematik: eine alltägliche Mathematik, mit der sich die meisten im alltäglichen Leben behelfen, und eine, die unter der Leitung der Dialektik zur Erkenntnis des Seienden führt. > Die Befreiung aus der Höhle erfolgt also durch die Mathematik und die ihr verwandten Wissenschaften unter der Leitung der Dialektik.

Warum kann nur die Philosophie zur vollen Erkenntnis des Seienden gelangen, während die übrigen Wissenschaften sich zwar über die Empirie erheben, das Seiende (die Ideen) und das agathon, das die Ideen ins Sein und in die Erkenntnis entbirgt, aber nicht zu erblicken vermögen?

Der Grund liegt in den Gegenständen der mathematischen Wissenschaften einerseits und denen der Philosophie anderseits. Die Verschiedenartigkeit der Gegenstände ist Grund für die andersgeartete Methode der mathematischen Wissenschaften im Vergleich zur Philosophie.
Die Mathematik hat zwei Vorläufigkeiten:
Sinnliche Bilder (Verbildlichung) und sie setzt die Ideen voraus!
Die Methode der mathematischen Disziplinen führt im Ausgang von sinnenfälligen Darstellungen (geschriebenen Zahlen, gezeichneten Figuren) zu den hypotheseis, während die Philosophie erst dort einsetzt, wo die mathematischen Wissenschaften ihr Ziel erreicht haben.
> Die dialektische Methode geht aus von hypotheseis, dringt zum Ursprung vor, schreitet dichotomisch abwärts und endet mit Ideen.

Im Höhlengleichnis wird eine Hierarchie der Ideen ersichtlich. Die Sonne ist das, was als letztes und schwerstes erkannt wird > im Deutungsbereich steht die Sonne für die Idee des Guten. Die Idee des Guten ist Prinzip der Ideen, sie ist die höchste Idee, der nicht mehr selbst begründete Grund > durch sie wird die Gerechtigkeit ermöglicht, die wiederum die Einzeltugenden Tapferkeit, Besonnenheit und Weisheit ermöglicht.

Der Abstieg – Rückkehr in die Höhle

Der Befreite wird nun gegen seinen Willen wieder in die Höhle zurückgebracht und muss wieder mit den anderen auf die Höhlenwand schauen.

Im umgekehrter Reihenfolge wiederholt sich das, was der Befreite beim Aufstieg aus der Höhle durchlebte; er weigert sich hinabzusteigen, muss aber dem Zwang gehorchen.

Er kann allerdings anfangs die Schattenbilder nicht so gut deuten, da sich seine Augen noch nicht so sehr an die Finsternis wieder gewöhnt haben. Die anderen machen sich über ihn lustig und behaupten der Aufstieg an die Oberfläche verderbe die Sehfähigkeit. Sie sagen, dass sie lieber ihren Befreier töten würden als von ihm an die Oberfläche gebracht zu werden.

Die trefflichsten Naturen, die als Wächter ausgesucht wurden, sollen zu der höchsten Erkenntnis gelangen und das Gute „schauen" bzw. erkennen, aber dann „darf man ihnen nicht erlauben, was ihnen jetzt erlaubt wird", nämlich, „dort zu bleiben und nicht wieder zurückkehren zu wollen zu jenen Gefangenen, noch Anteil zu nehmen an ihren Mühseligkeiten und Ehrenbezeugungen".

Die vollkommen ausgebildeten Philosophen müssen gegen ihre Neigung zum Regieren genötigt werden. Denn nicht nur einem Geschlecht darf es im Staat gut gehen, sondern dieses muss versuchen, im ganzen Staat Wohlsein hervorzubringen.

Warum der Abstieg zurück?:

„Euch haben wir zu eurem und des übrigen Staates Besten wie in den Bienenstöcken die Weisel und Könige erzogen und besser und vollständiger als die übrigen ausgebildet, so dass ihr tüchtiger seid, an beiden teilzunehmen. Ihr müsst also nun wieder herabsteigen, jeder in seiner Ordnung, zu der Wohnung der Übrigen und euch mit ihnen gewöhnen, das Dunkle zu schauen.

Denn gewöhnt ihr euch hinein: so werdet ihr tausendmal besser als die dortigen sehen und jedes Schattenbild erkennen, was es ist und wovon, weil ihr das Schöne, Gute und Gerechte selbst in der Wahrheit gesehen habt.

Und so wird uns und euch der Staat wachend verwaltet werden und nicht träumend"

Wirkliche Einsicht in die Phänomene kann nur der Philosoph haben, weil er die Seinsgründe der Phänomene kennt oder sich ständig um ihre Kenntnis bemüht; der, für den das Sinnenfällige identisch ist mit dem Seienden, bleibt immer in der Unwissenheit gefangen, sofern er nicht gewaltsam aus ihr befreit wird.

Ein guter und gerechter Staat kann nur entstehen und Bestand haben, wenn er regiert wird von solchen, die wissen, was gerecht und gut ist, die nicht irgendeine Meinung darüber haben. Nur wer das Wissen vom unwandelbaren Gerechten und Guten besitzt, weiß, wie das Gerechte und Gute im Staat herbeizuführen ist.

Platon sieht den Menschen als Gefangenen seiner Sinne, er wird nur frei, wenn er seine Vernunft benutzt, um hinter die sichtbare Welt, die Schatten an der Wand und die Dinge vor der Höhle, die Ideen, zu sehen. Befreit er sich ganz, wird er die Sonne erblicken, ein über den Ideen stehendes höchstes Prinzip, das Gute.

Zusammengefasst: Das Höhlengleichnis stellt den Aufstieg von der Sinneswahrnehmung bis zur Schau des unveränderlich Seienden und des Guten dar, dann erfolgt der Abstieg: der zum Philosophen Ausgebildete muss sich in der Praxis bewähren. Nach vollzogenem Aufstieg muss der Befreite hinab in die Höhle der Unwissenheit und sich den Staatsgeschäften widmen, weil nur er auf Grund seines Wissens Gutheit und Gerechtigkeit im Staat herbeiführen kann und über den Bestand des guten und gerechten Staates zu wachen hat. > Verwirklichung der Gerechtigkeit in der polis